THE WEAPONS ENCYCLOPÆDIA
TANK AIRCRAFT AFV SHIP ARTILLERY VEHICLES SECRET WEAPON

STURMGESCHÜTZ III Sd.Kfz. 142

THE WEAPONS ENCYCLOPAEDIA

EDITORIAL STAFF
Luca Cristini, Paolo Crippa.

REDAZIONE ACCADEMICA
Enrico Acerbi, Massimiliano Afiero, Aldo Antonicelli, Ruggero Calò, Luigi Carretta, Flavio Chistè, Anna Cristini, Carlo Cucut, Salvo Fagone, Enrico Finazzer, Arturo Giusti, Björn Huber, Andrea Lombardi, Aymeric Lopez, Marco Lucchetti, Gabriele Malavoglia, Luigi Manes, Giovanni Maressi, Francesco Mattesini, Daniele Notaro, Péter Mujzer, Federico Peirani, Alberto Peruffo, Maurizio Raggi, Andrea Alberto Tallillo, Antonio Tallillo, Massimo Zorza.

PUBLISHED BY
Luca Cristini Editore (Soldiershop), via Orio, 35/4 - 24050 Zanica (BG) ITALY.

DISTRIBUTION BY
Soldiershop - www.soldiershop.com, Amazon, Ingram Spark, Berliner Zinnfigurem (D), LaFeltrinelli, Mondadori, Libera Editorial (Spain), Google book (eBook), Kobo, (eBoook), Apple Book (eBook).

PUBLISHING'S NOTES
None of unpublished images or text of our book may be reproduced in any format without the expressed written permission of Luca Cristini Editore (already Soldiershop.com) when not indicate as marked with license creative commons 3.0 or 4.0. Luca Cristini Editore has made every reasonable effort to locate, contact and acknowledge rights holders and to correctly apply terms and conditions to Content. Every effort has been made to trace the copyright of all the photographs. If there are unintentional omissions, please contact the publisher in writing at: info@soldiershop.com, who will correct all subsequent editions.

LICENSES COMMONS
This book may utilize part of material marked with license creative commons 3.0 or 4.0 (CC BY 4.0), (CC BY-ND 4.0), (CC BY-SA 4.0) or (CC0 1.0). We give appropriate attribution credit and indicate if change were made in the acknowledgments field. Our WTW books series utilize only fonts licensed under the SIL Open Font License or other free use license.

CONTRIBUTORS OF THIS VOLUME & ACKNOWLEDGEMENTS
Ringraziamo i principali collaboratori di questo numero: I profili dei carri sono tutti dell'autore. Le colorazioni delle foto sono di Anna Cristini. Ringraziamenti particolari a istituzioni nazionali e/o private quali: Stato Maggiore dell'esercito, Archivio di Stato, Bundesarchiv, Nara, Library of Congress, Wikipedia, USAF, Signal magazine, Cronache di guerra, Fronte di guerra, IWM, Australian War Museum, ecc. A P.Crippa, A.Lopez, Péter Mujzer, L.Manes, C.Cucut, archivi Tallillo. Model Victoria (www.modelvictoria.it) ecc. per avere messo a disposizione immagini o altro dei loro archivi.

For a complete list of Soldiershop titles, or for every information please contact us on our website: www.soldiershop.com or www.cristinieditore.com. E-mail: info@soldiershop.com. Keep up to date on Facebook https://www.facebook.com/soldiershop.publishing

Titolo: **STUG III SD.KFZ. 142** Code.: **TWE-021 IT**
Collana curata da L. S. Cristini
ISBN code: 9791255890874 Prima edizione Aprile 2024
THE WEAPONS ENCYCLOPAEDIA (SOLDIERSHOP) is a trademark of Luca Cristini Editore

THE WEAPONS ENCYCLOPÆDIA
TANK AIRCRAFT AFV SHIP ARTILLERY VEHICLES SECRET WEAPON

STUG III Sd.Kfz. 142

LUCA STEFANO CRISTINI

BOOK SERIES FOR MODELERS & COLLECTORS

INDICE

Introduzione .... pag. 5
  - Lo sviluppo .... pag. 6
  - Caratteristiche tecniche .... pag. 8
  - L'armamento .... pag. 9
  - Il motore .... pag. 11

Le versioni dei mezzi .... pag. 15
  - StuG III Ausf. A - B .... pag. 15
  - StuG III Ausf. C - D - E - F .... pag. 16
  - StuG III Ausf. G .... pag. 18
  - Altre versioni modificate .... pag. 20

Impiego operativo .... pag. 23
Mimetica e segni distintivi .... pag. 41
Produzione ed esportazione .... pag. 47
Scheda tecnica .... pag. 52
Bibliografia .... pag. 58

▲ Carro StuG III Ausf. B che nell'aprile del 1942 prende parte al primo giorno dell'offensiva Fall Blau nella zona destinata alla 2ª Armata ungherese di stanza tra Kursk e Voronezh. Collezione privata.

INTRODUZIONE

Lo Sturmgeschütz III, denominazione quasi sempre abbreviata in StuG III, fu un formidabile cannone d'assalto in dotazione all'esercito tedesco durante la Seconda guerra mondiale, ricavato dallo scafo del carro armato medio Panzer III del quale mutuò per intero il treno di rotolamento, cingoli ecc. L'installazione dell'armamento principale era predisposta in casamatta rigida anziché in una torretta girevole. Questo fatto ovviamente riduceva le capacità del mezzo, per quanto trattandosi di artiglieri semovente (ma sempre più spesso anche in versione controcarro), tuttavia il veicolo risultava di più facile produzione e più economico, tanto da divenire nei fatti l'asso nella manica della Wehrmacht. L'idea del cannone d'assalto venne concepita dal famoso generale von Manstein sin dal 1935 come supporto nel fornire appoggio di artiglieria ravvicinato alle unità di fanteria per l'eliminazione di ostacoli difensivi nemici come nidi di mitragliatrici, bunker, armi controcarro, ecc.), quindi originariamente gli Sturmgeschütz non erano destinati a impegnare i carri armati. Nel corso della guerra l'impiego tattico degli Sturmgeschütz venne però modificato, e a partire dal 1942, date alle caratteristiche tecniche e alle prove sul campo, oltre all'appoggio della fanteria furono impiegati come cacciacarri, lasciando il compito originario di appoggio alla fanteria agli Sturmhaubitze 42. Negli ultimi mesi della guerra, anche a causa della deficitaria carenza di mezzi, furono utilizzati tatticamente addirittura come carri armati. Ebbe talmente successo che fu il veicolo corazzato da combattimento cingolato più prodotto e il secondo veicolo corazzato da combattimento tedesco più prodotto (soprattutto il tipo IIIG) di qualsiasi tipo dopo il semicingolato Sd.Kfz. 25. Ne furono realizzati ben 9.400 esemplari!

▲ Carro StuG III delle prime serie con il tipico cannone a canna corta da 75mm. Siamo in Russia subito dopo l'inizio della operazione Barbarossa presso un'unità delle SS. Bundesarchiv (colorazione dell'autore).

▲▼ StuG III Ausf. D catturato dagli inglese e fotografato. Wikipedia

■ LO SVILUPPO

Già nella parte finale del primo conflitto mondiale i tedeschi avevano intuito che sarebbe servito un supporto corazzato per assaltare le fortificazioni. In seguito allo sviluppo della concezione tattica di impiego dell'artiglieria come supporto ravvicinato per la fanteria, su principale intuizione del generale von Manstein che già nel 1935 presentò un piano al capo dell'esercito von Beck. Nel giugno del 1936 finalmente la Daimler-Benz ricevette la commessa per lo studio, lo sviluppo e la produzione di un mezzo di supporto alla fanteria armato con una bocca da fuoco da 75 mm. Le specifiche prevedevano che il calibro fosse appunto di 7,5 cm, con una gittata massima di almeno 6 chilometri, e comunque essere dotato di un armamento che assicurasse sostegno alla fanteria e come compito secondario funzione di cacciacarri. Montato in una casamatta rigida che permetteva notevole risparmio nel costo del mezzo. Essere dotato di una buona corazzatura, avere un profilo particolarmente basso (non doveva essere più alto di un soldato di media altezza). La Daimler-Benz tenne conto di tutte queste richieste e per realizzare il mezzo utilizzò lo scafo, le sospensioni e il gruppo di rotolamento del diffuso e robusto carro Panzer III Ausf. Carro fra l'altro che la stessa azienda aveva in produzione.

CANNONE D'ASSALTO STUG III AUSF B, RUSSIA, INVERNO 1941-42

▲ StuG.III Ausf.B, unità non identificata, Fronte russo, inverno 1941-1942 nella classica mimetizzazione bianca.

▲ Catena di montaggio dei cannoni d'assalto StuG. I principali stabilimenti che si occuparono della produzione furono la Damler Benz, la Alkett e la MIAG. Bundesarchiv (colorazione dell'autore).

i primi StuG vennero forniti di un cannone Krupp StuK 37 L/24 da 7,5 cm a canna corta, dall'aspetto assai simile a un obice. Questo tipo di canna caratterizzò per intero tutta la produzione dal modello A fino al D.
La sua singolare funzione fece si che per un po' di tempo, lo Stato maggiore non sapeva se considerare il mezzo come un veicolo dell'artiglieria, della fanteria o delle forze corazzate. Nei fatti questa attribuzione finì per avere solo valore teorico. Si assegnarono i reparti all'artiglieria, divisi in battaglioni, con lo scopo principale e unico di supporto alla fanteria, col tempo si scoprì la loro forte valenza come mezzi controcarro finendo per essere impiegati anche iin quella branca. Fu proprio il passaggio dall'arma corta a quella lunga che permise di scoprire le particolari attitudini caccia carri dello StuG! Infatti, in Russia gli StuG con cannone corto non riuscivano a ferire in maniera adeguata in mezzi russi come il KV-1 ed il T-34. Le cose cambiarono dall'adozione dello StuG G. Questi, dotato di StuK 40 L/43 ad alta velocità da 7,5 cm (primavera 1942) e successivamente nell'autunno del 1942 con un cannone leggermente più lungo da 7,5 cm StuK 40 L/48, vale a dire gli stessi cannoni montati sul panzer IV. Questi cannoni permettevano meno efficacia nel rimuovere gli ostacoli alla fanteria, ma erano di un'efficacia senza pari nel mettere fuori uso i carri nemici. Tornando ai vantaggi economici, lo StuG costava 1/5 meno di un Panzer III grazie alla torretta fissa in casamatta circa 80.000 RM invece che 103.000!

■ CARATTERISTICHE TECNICHE

Lo StuG III usava lo scafo, il treno di rotolamento e la motorizzazione del super collaudato Panzer III, la parte superiore dove si trovava l'anello della torretta venne sostituita da una casamatta in cui era alloggiato l'armamento principale, inizialmente un cannone StuK L/24 da 75 mm (la bocca da fuoco sarebbe stata classificata come obice e non come cannone). Nella prima versione il mezzo era privo di armamento secondario. Poi dalla primavera del 1942 vennero aggiunte prima, una mitragliatrice MG34 da 7,92 mm che poteva essere montata su uno scudo sopra la sovrastruttura per una maggiore protezione anti-fanteria. Una seconda MG34 coassiale da 7,92 mm iniziò ad apparire nel 1944 e divenne standard su tutta la produzione durante lo stesso anno. La casamatta che definiva le linee dello StuG era corta e larga quanto il veicolo. La larghezza aumentò poi maggiormente per un massiccio uso degli Schürzen (specie di rinforzi/minigonne laterali corazzate distanziate), già ampiamente in uso anche su molti panzer.

Sul davanti vi era una grande apertura per potere ospitare l'ingombrante struttura del cannone principale. Sulla sommità trovavano posto i portelli in due pezzi per il conducente nella parte anteriore, due grandi portelli in due pezzi per l'equipaggio nella casamatta posteriore e uno spazio aperto a sinistra per il periscopio del comandante. Era possibile accedere al motore attraverso alcuni grandi portelli posti sul ponte posteriore del mezzo. L'autista aveva una fessura visiva rinforzata e un mirino binoculare per potersi aiutare nelle manovre. Durante l'evoluzione dello StuG, la forma della casamatta cambiò sensibilmente a partire dalla versione F e soprattutto G, e adottando due tipi di supporti, quello normale sull'Ausf.F e quello detto a "naso di maiale" per l'Ausf.G ampiamente revisionato, che aiuta a distinguere tra i due modelli. L'equipaggio, composto da 4 elementi (pilota, comandante, artigliere e caricatore) alloggiava tutto nella casamatta. Le sistemazioni generali all'interno erano quelle del Panzer III, con il motore posteriore e gli organi di trasmissione anteriori (davanti al compartimento di combattimento). Sin dalla prima versione la corazzatura scelta era abbastanza spessa (50mm).

■ L'ARMAMENTO

L'arma principale dei primi StuG era come già detto il cannone Krupp da 7,5 cm L/24 (calibro 24). Si trattava in sostanza di un obice a canna corta adattata per sparare proiettili HE, particolarmente efficaci contro fortificazioni e posizioni nemiche. Si trattava di un adattamento del cannone da carro armato

▲ Ulteriori dettagli degli StuG III D Sturmgeschütz, Russia, agosto-settembre 1943. Wikipedia

CANNONE D'ASSALTO STUG III AUSF C/D, RUSSIA 1943

▲ StuG.III Ausf.C/D, appartenente al 192° Sturmgeschütz-Abteilung. Fronte russo, 1941.

KwK L/24 da 7,5 cm originariamente progettato per il Panzer IV. Adattissimo per sferrare attacchi e distruggere fortini e bunker a varie distanze. Il Kampfwagenkanone-37 L/24 da 7,5 cm venne dotato di una ampia e variegata serie di diversi tipi di munizioni durante la guerra, finendo col diventare un mezzo assai specializzato nella distruzione degli ostacoli anti-fanteria. La fornitura normale era di una cinquantina di proiettili dei vari tipi a bordo del mezzo. Dalle versioni F e G, con l'adozione della versione più lunga Stu.K. L/40, la capacità di penetrazione dei proiettili (utile soprattutto per attività controcarro) fu notevolmente migliorata Questi proiettili erano più ingombranti e grandi, di conseguenza, il carico totale calò a 44 munizioni utili.

Inizialmente il mezzo non disponeva di nessuna altro armamento, poi si aggiunse una prima MG, e successivamente una seconda mitragliatrice. Agli inizi il carro armato si affidava esclusivamente alla fanteria di accompagnamento per la difesa a distanza ravvicinata, il che aveva anche una logica per l'uso tattico al quale veniva assegnato. Dalla versione G potenziata (dicembre 1942), quindi venne montata una prima Maschinengewehr 34 protetta da uno scudo. Le armi personali a disposizione dell'equipaggio includevano, generalmente, una mitragliatrice leggera MP 38 e diverse armi automatiche P 38. Per ottenere il massimo di resa dalle cannonate rilasciate fuoco venne utilizzato il puntamento indiretto, che tuttavia agiva a scapito della precisione. Sotto i 500 metri si perseguiva di preferenza un tiro di precisione.

Per ottenere buoni risultati la qualità della strumentazione ottica di bordo si rivelò fondamentale. Già dalle versioni Ausf.C, D ed E venne introdotto un nuovo mirino di mira ZF1, con uno schema del reticolo comprendente sette triangoli separati da quattro mil. Particolarmente efficace. Tuttavia, la mancanza di una torretta girevole obbliga il mezzo a continui spostamenti, soprattutto per prendere di mira obiettivi in movimento. La distanza tra i triangoli veniva utilizzata per mirare a bersagli in movimento.

■ IL MOTORE

Il motore era l'affidabile e collaudato Maybach HL 120 TRM V-12 a benzina prodotto in serie, che erogava circa 300 CV (296 CV o 221 kW) e un rapporto potenza/peso di 12,6 CV/tonnellata, collegato a una trasmissione a sei velocità. Il treno di ruote comprendeva sei ruote gommate accoppiate su bracci di torsione e tre rulli di ritorno doppi per lato. Le ruote dentate erano anteriori, mentre le ruote tenditrici erano posteriori. I cingoli erano realizzati in acciaio dolce e identici al modello Panzer III.

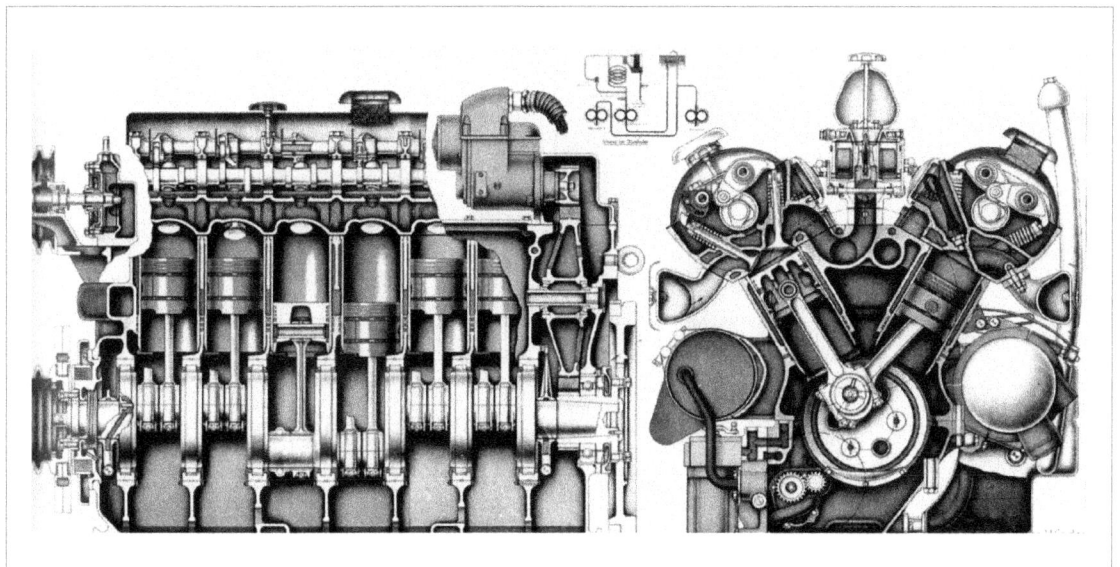

▲ Vista del motore dello StuG III, il Maybach HL 120. Wikipedia

CANNONE D'ASSALTO STUG III AUSF D, NORD AFRICA 1942

▲ StuG.III Ausf.D appartenente al Sonderverband 288, Deutsche Afrika Korps, Africa del nord 1942.

▲ Sturmgeschütz StuG III Ausf C/D a supporto della fanteria, impegnati nella battaglia di Stalingrado nel 1942. Bundesarchiv colorazione dell'autore.

◄ Uno StuG III G in una sosta nella pianura russa, 1942. Bundesarchiv.

▼ Artiglieri intenti a caricare il munizionamento di uno StuG III G in un villaggio russo nel 1942. Bundesarchiv.

CANNONE D'ASSALTO STUG III AUSF E RUSSIA AUTUNNO 1942

▲ StuG.III Ausf.E appartenente ad una unità non identificata, fronte russo, autunno 1942.

LE VERSIONI DEI MEZZI

Numerose furono le versioni dello StuG III fra preserie e ufficiali, dalla A alla G, per 8 modelli diversi; alcune varianti anche per cannoni d'assalto e i lanciafiamme. I modelli dello Stug III furono gli Ausf. A, B, C, D, E, F, F/8 e G (dove Ausf. è l'abbreviazione di *Ausführung*, cioè "modello" o "versione" in tedesco). Le prime versioni furono tutte prodotte dalla Daimler-Benz alla quale si aggiunsero poi la Alkett ed in infine la MIAG.

Prototipi StuG III (1937, si trattò di 5 mezzi montati su telaio Panzer III Ausf. B): nel dicembre 1937, due veicoli erano in servizio con il 1°Panzer Regiment a Erfurt. I veicoli avevano otto ruote per lato con cingoli larghi 360 millimetri (14 pollici), sovrastruttura in acciaio morbido spessa 14,5 mm e il cannone StuK 37 L/24 da 7,5 cm. Sebbene non adatti al combattimento, furono poi utilizzati per scopi di addestramento fino al 1941.

StuG III Ausf. A (Sd.Kfz. 142; 36 esemplari nati nel gennaio-maggio 1940, prodotti da Daimler-Benz). Utilizzato per la prima volta nella battaglia di Francia, lo StuG III Ausf. A utilizzava un telaio 5. /ZW modificato (Panzer III Ausf. F) con armatura anteriore rinforzata a 50 mm. Gli ultimi sei veicoli dei 36 realizzati furono costruiti su telai derivati dal Panzer III Ausf. Produzione G.

StuG III Ausf. B: (Sd.Kfz 142; 300 esemplari prodotti nel giugno 1940-maggio 1941, da Alkett) Telaio 7. /ZW modificato (Panzer III Ausf. H), carreggiata allargata (380 mm). Di conseguenza, due pneumatici in gomma su ciascuna ruota furono allargati di 16 mm ciascuno. Entrambi i tipi di ruote erano intercambiabili. La fastidiosa trasmissione a 10 velocità del modello A venne sostituita con una più pratica a 6 velocità. La versione B subì nell'insieme una serie di migliorie e novità a livello di treno di rotolamento, cingoli, ruote motrici ecc.

▲ Uno StuG III Ausf.B in un villaggio russo nel 1941. Bundesarchiv (colorazione autore).

StuG III Ausf. C: (Sd.Kfz 142; 50 esemplari prodotti nell'aprile 1941, sempre da Alkett). Venne soppresso il finestrino di visione del cannoniere che si era rivelato micidiale per l'addetto, in sua vece sulla parte superiore della sovrastruttura venne ricavata la sistemazione per il periscopio dell'artigliere. La ruota folle posteriore venne ridisegnata.

StuG III Ausf. D: (Sd.Kfz 142; 150 esemplari prodotti da Aklett nel maggio-settembre 1941). Mezzo sostanzialmente simile alla versione C. Uniche novità: Citofono di bordo installato, nuove serrature del portello di trasmissione aggiunte.

StuG III Ausf. E: (Sd.Kfz 142; 284 esemplari prodotti nel periodo: settembre 1941 - febbraio 1942) Ai lati della sovrastruttura vennero aggiunte estese scatole corazzate rettangolari per ospitare le apparecchiature radio, permettendo così di ricavare maggiore spazio interno. Fa la sua prima apparizione una MG 34 per proteggere il veicolo dalla fanteria nemica. Ai comandanti dei veicoli furono ufficialmente forniti i nuovi periscopi a forbice stereoscopici SF14Z.

StuG III Ausf. F: (Sd.Kfz 142/1; 366 esemplari prodotti nel periodo: marzo-settembre 1942). A partire dalla serie F va in pensione la canna corta, questa versione infatti utilizzava il cannone StuK 40 L/43 più lungo da 7,5 cm. Arma che consentiva di sparare proiettili altamente perforanti consentendo all'Ausf. F di poter ingaggiare finalmente la maggior parte dei veicoli corazzati sovietici a normali distanze di combattimento. Questa radicale modifica, di fatto mutuò un sostanziale cambio tattico nell'uso degli StuG, diventato oramai più un cacciacarri che un veicolo di supporto della fanteria. Vennero rinforzate gli Schürzen e aggiunte piastre corazzate da 30 mm alla corazza frontale da 50 mm a partire dal giugno 1942, così da avere una corazzatura anteriore più robusta di ben 80mm. Dal giugno 1942, sugli Ausf. F venne montato un nuovo cannone StuK 40 L/48 più lungo di 7,5 cm rispetto al precedente. Questa arma era ancora più potente in termini di penetrazione delle corazze nemiche.

StuG III Ausf. F/8: (Sd.Kfz 142/1; 250 esemplari prodotti nel periodo: settembre-dicembre 1942per un totale di 616 Ausf F) Introduzione di un design dello scafo migliorato e simile a quello già utilizzato per il Panzer III Ausf. J/L con corazza posteriore maggiorata. Questa era l'ottava versione dello scafo Panzer III, da qui la denominazione "F/8". Dalla versione F/8, il cannone StuK 40 L/48 da 7,5 cm divenne lo standard fino all'ultimo degli Ausf. G.

▲ Colonna di StuG III Ausf.B impegnata nelle prime operazioni dell'invasione dell'Unione Sovietica nel 1941. Bundesarchiv (colorazione dell'autore).

CANNONE D'ASSALTO STUIG-33B, RUSSIA, STALINGRADO 1942

▲ Sturm-Infanteriegeschütz 33B tedesco equipaggiato con l'obice sIG 33 da 15 cm per il supporto ravvicinato della fanteria, Stalingrado, autunno 1942. Su questo fronte furono impiegati 12 mezzi in totale dei 24 convertiti.

StuG III Ausf. G (Sd.Kfz. 142/1; 8.423 esemplari prodotti nel periodo: dicembre 1942 - aprile 1945): l'ultimo e di gran lunga il più comune della serie StuG l'esemplare più indovinato. La sovrastruttura superiore appare qui ancora ampliata: le famose scatole corazzate su entrambi i lati furono soppresse. Questo nuovo design della sovrastruttura rende lo StuG il più alto della serie fino a 2160 mm. Dal marzo 1943 venne soppresso anche il periscopio del conducente. Nel febbraio 1943 a dar man forte alla Aklett si aggiunse la fabbrica MIAG come secondo produttore. Dal maggio 1943, anche sui modelli G furono montate piastre corazzate distanziate sullo scafo laterale (Schürzen); questi erano destinati principalmente alla protezione contro i fucili anticarro russi, ma erano utili anche contro le munizioni a carica cava. Gli Schürzen furono poi aggiunti anche ad alcuni Ausf. Modelli F/8, in vista e in preparazione alla battaglia di Kursk. Tuttavia, i supporti per gli Schürzen si rivelarono non privi di difetti, poiché molti andarono perduti sul campo di battaglia. Dal marzo 1944 fu introdotto allora un sistema di montaggio migliorato; di conseguenza, le minigonne laterali divennereo sempre più uno standard con l'ultimo modello Ausf G. Dal maggio 1943, per l'armatura frontale furono utilizzate piastre di spessore 80 mm invece di due piastre di 50 mm + 30 mm già specificate. Per il comandante dell'Ausf G. fu aggiunta una nuova cupola rotante con periscopi. Tuttavia, dal settembre 1943, la cronica mancanza di cuscinetti a sfera (dovuta al bombardamento della aviazione americana USAAF delle fabbriche di Schweinfurt) costrinse la saldatura delle cupole. I cuscinetti a sfera resosi nuovamente disponibili furono nuovamente installati a partire dall'agosto 1944. Dal dicembre 1942 fu installato uno scudo protettivo quadrato per la mitragliatrice e per il caricatore, consentendo per la prima volta di installare direttamente in fabbrica un MG34 su uno StuG. I modelli F/8 ebbero invece scudi difensivi per mitragliatrice adattati dall'inizio del 1943. Dall'ottobre 1943, le versioni G furono dotate del mantello del cannone Topfblende (spesso chiamato Saukopf "testa di maiale") senza supporto coassiale. Questo mantello fuso, che aveva una forma inclinata e arrotondata, era più efficace nel deviare i colpi rispetto all'originale mantello squadrato Kastenblende che aveva un'armatura di spessore variabile da 45 mm a 50 mm. La mancanza di fusioni di grandi dimensioni ha fatto sì che anche il mantello squadrato a forma trapezoidale fosse prodotto fino alla fine. Le Topfblende venivano montate quasi esclusivamente sui veicoli prodotti dalla Alkett e non dalla MIAG. Una nuova mitragliatrice coassiale fu aggiunta prima ai mantelli squadrati, dal giugno 1944, e poi al mantello Topfblende, dall'ottobre 1944. Con l'aggiunta di questa mitragliatrice coassiale, tutti gli StuG erano ora dotati di due mitragliatrici MG 34. Alcuni StuG precedentemente completati con un mantello squadrato avevano un foro per mitragliatrice coassiale praticato per adattare una mitragliatrice coassiale. Infine il rivestimento antimagnetico Zimmerit per proteggere i veicoli dalle mine magnetiche fu applicato a partire da settembre (presso la MIAG) o novembre (presso la Alkett) 1943 e terminando nel settembre 1944.

ALTRE VERSIONI MODIFICATE

StuH 42 (Sd.Kfz 142/2 1.300 esemplari prodotti nel periodo dalla Aklett dal marzo 1943 al marzo 1945). Nel 1942, una variante dello StuG Ausf. F venne progettata con un vero obice da 10,5 cm (4,1 pollici) invece del cannone StuK 40 L/43 da 7,5 cm. Questi nuovi veicoli, furono designati StuH 42 (Sturmhaubitze 42, Sd.Kfz 142/2). Lo scopo di questi nuovi mezzi era di poter continuare a fornire supporto alla fanteria, lasciando agli StuG F e soprattutto G la nuova funzione di mezzi anticarro. Lo StuH 42 montava una variante dell'obice leFH 18 da 10,5 cm, modificato per essere azionato elettricamente e dotato di freno di bocca. I modelli vennero prodotti a partire dagli StuG III Ausf. G. Il freno di bocca in questo caso veniva evitato per carenze di risorse nel corso della guerra. Alkett produsse 1.300 StuH 42 dal marzo 1943 al 1945.

StuG III (Flamm) Nel corso del 1943, 10 StuG III furono convertiti nella configurazione StuG III (Flamm) sostituendo il cannone principale con un lanciafiamme Schwade. Questi mezzi furono tutti riconvertiti allo scopo. A oggi non sono noti loro utilizzi in combattimento.

CANNONE D'ASSALTO STUG III AUSF F, RUSSIA 1942

▲ StuG.III Ausf.F, appartenente al 191° Sturmgeschütz-Abteilung. Fronte russo, 1942

▲ L'equipaggio tedesco di uno StuG III Ausf B con canna corta, recante le numerose vittorie ottenute contro carri avversari, impegnato nell'attraversamento del fiume Desan durante la prima fase di corsa verso Est (ricca di successi) dell'Operazione Barbarossa nel 1941. Bundesarchiv. Foto piccola: uno Stug in un villaggio russo.

CANNONE D'ASSALTO STUG III AUSF G RUSSIA TARDO 1944

▲ StuG.III Ausf.G, unità non identificata, Fronte russo, fine 1944. Nel febbraio del 1943, il colore di base fu cambiato in Dunkelgelb RAL 7028. A questo colore si poteva aggiungere un motivo mimetico utilizzando due colori l'Olive grün RAL 6003 e il Rotbraun 8017. Nel caso di questo cannone d'assalto, sembra che sia stata applicata solo una mano di bianco invernale sopra la tinta di base. Il numero 02 in rosso è ben visibile sulla torretta accanto alla balkenkreuz.

StuIG 33B o Sturminfanteriegeschütz 33B, fu un cannone d'assalto tedesco impiegato durante la Seconda guerra mondiale. Derivava anch'esso dal cannone d'assalto Sturmgeschütz III ed era stato armato con un obice da 150 mm in una casamatta quadrangolare pesantemente corazzata, allo scopo di appoggiare da vicino le operazioni dei reparti di fanteria. Si dimostrò un veicolo grossolano ed elefantiaco e tendente a guastarsi spesso. Tuttavia, in battaglia dette buona prova di sé, e lo Stato maggiore non abbandonò il concetto di cannone d'assalto studiando però mezzi più adatti. Furono realizzati ventiquattro StuIG 33B tutti basati sul vecchio telaio StuG III, di questi ben dodici veicoli presero parte alla battaglia di Stalingrado dove furono distrutti o catturati. I restanti 12 veicoli furono assegnati alla 23ª Divisione Panzer.

▲Occupazione di Grodno da parte delle truppe tedesche. Caricamento delle munizioni nel cannone d'assalto StuG III Ausf E. Wikipedia CC3.

▲▶ Sturmgeschütz StuG III Ausf C/D impegnati nella battaglia di Stalingrado nel 1942. Bundesarchiv colorazione dell'autore.

IMPIEGO OPERATIVO

STORIA OPERATIVA DEGLI STUG III

Con il suo basso profilo, le sue caratteristiche aggressive e il basso costo, lo StuG fu il vero cavallo di battaglia della Wehrmacht, trasformandosi da veicolo di supporto ravvicinato a caccia di carri armati di prima grandezza, esso combatté senza interruzioni, ovunque dal Nord Africa all'Europa e alla Russia. Gli equipaggi lo adoravano per il suo profilo basso e la buona armatura, e la fanteria che supportava era grata per la sua potenza di fuoco e disponibilità. Gli StuG furono dei micidiali cecchini nella difesa del Reich dal 1943 al 1945. Lo StuG mise fuori combattimento più carri nemici dei Panzer e dei Tiger messi insieme. Nel solo 1944 distrussero oltre 20.000 mezzi corazzati. Gli equipaggi dello Sturmgeschütz erano artiglieri, ma si consideravano un'élite, e i cinegiornali di propaganda li esaltavano al pari dei sommergibilisti e degli assi della Luftwaffe! Grazie alla sua versatilità ed economicità lo StuG fu utilizzato su ogni singolo fronte su cui era impegnata la Wehrmacht, dalle coste di Francia e Norvegia al Volga a est, e in Africa, dalle porte dell'Egitto alle colline tunisine, e fu anche largamente distribuito a tutti gli alleati della Germania. A causa della loro sagoma bassa, gli StuG III erano facili da mimetizzare e nascondere ed erano bersagli assai ostici da distruggere. Alla fine della guerra erano stati costruiti oltre 11.300 mezzi fra StuG III e StuH 42, ma alla data dell'aprile del 1945 il conto presentava perdite enormi lasciando un residuo in Germania di solo 1.053 StuG III e 277 StuH 42.

LA CAMPAGNA DI RUSSIA

All'avvio dell'operazione Barbarossa, nei suoi primi 15 giorni di attività, una singola unità StuG distrusse quasi 100 carri armati russi e ne catturò 23, distrusse 23 bunker, dieci treni blindati e interruppe convogli, distruggendo mezzi di ogni tipo ovunque. Era consuetudine degli StuG identificare prima i bersagli lontani, grazie a migliori strumenti ottici di cui erano dotati, la fanteria supportavo il loro tiro e cecchinaggio fornendo una copertura visiva ravvicinata laterale e posteriore. Nel combattimento diretto tra carri arma-

ti, lo StuG III in questa prima fase del conflitto coi sovietici si dimostrò superiore a qualsiasi carro armato sovietico incontrato (T-26 e BT-5/7 per la maggior parte ma anche qualche KV-1).
Furono soprattutto i disagi termici e le condizioni atmosferiche avverse il vero nemico degli StuG quell'anno, molti guasti si verificarono anche prima facesse davvero freddo, soprattutto a carico delle trasmissioni. Con l'inverno le cose peggiorarono poiché la neve mista a fango e ghiaia, ghiacciava ogni notte. Gli equipaggi erano distrutti dal lavoro per cercare di mantenere efficienti i loro mezzi. Gli StuG non se la cavarono meglio degli altri Panzer, condividendo gli stessi guasti a parti meccaniche sul telaio e ai cingoli. L'inverno russo fu il vero killer dei Panze e degli StuG tedeschi. Questa mattanza di mezzi per cause meccaniche non avveniva più a sud dove gli altri StuG Abteilung, anche quelli dotati di canna corta come gli StuG Ausf.A-E riuscirono a distruggere più T-34 di quanti i carri russi facessero con gli stessi StuG. Ma già stava arrivando al fronte il primo StuG F a canna lunga... Krupp iniziò a lavorare sul cannone Pak L/42 già nel gennaio 1940, il progetto si sviluppò fino al marzo 1941. Fu abbastanza presto chiaro a tutti che il cannone a canna lunga doveva avere una velocità iniziale maggiore. Vennero portati avanti test e studi, il risultato fu il cannone 40 7,5 cm L/43. Per ridurre il rinculo venne aggiunto un freno di bocca rimovibile a doppia camera con quattro porte laterali.
La Sturmgeschütz-Abteilung GrossDeutschland ricevettero un paio di decine dei nuovo mezzi 22 dei nuovi Ausf.F, nel marzo-aprile 1942. All'inizio dell'offensiva estiva sul fronte orientale, c'erano già circa 210 Ausf.F al fronte. Nel novembre 1942, ancora 448 Ausf.F/G entrarono in servizio con 22 unità. Durante la riconquista di Kharkov nel febbraio 1943, le unità StuG della Divisione GrossDeutschland rivendicarono la distruzione di quasi 50 T-34 (mentre i Tiger ne distrussero solo 30). Intorno a Leningrado, gli StuG fecero ancora meglio, mettendo fuori uso 230 fra T-34 e KV-1, subendo solo 13 perdite. Prima di Zitadelle operavano già 727 StuG III G. I rapporti militari tedeschi mostrarono in modo evidente che gli StuG se la sono cavata molto bene (soprattutto se paragonati alle scarse prestazioni di Tiger e Panzer vari)), ottenendo per certo le migliori prestazioni in combattimento per qualsiasi dato di mezzo corazzato tedesco. Gli equipaggi dei carri russi temevano gli StuG più di ogni altra cosa e dove potevano evitavano il combattimento contro di esso. Le perdite per contro erano spesso opera di mine e dei mi-

▲ In Russia, per contrastare l'efficacia dei fuciloni anticarro, vennero adottati dei rinforzi laterali corazzati, una sorta di minigonna detti Shurzen che servirono egregiamente allo scopo. Bundesarchiv, colorazione dell'autore.

CANNONE D'ASSALTO STUG III AUSF G KURSK RUSSIA 1943

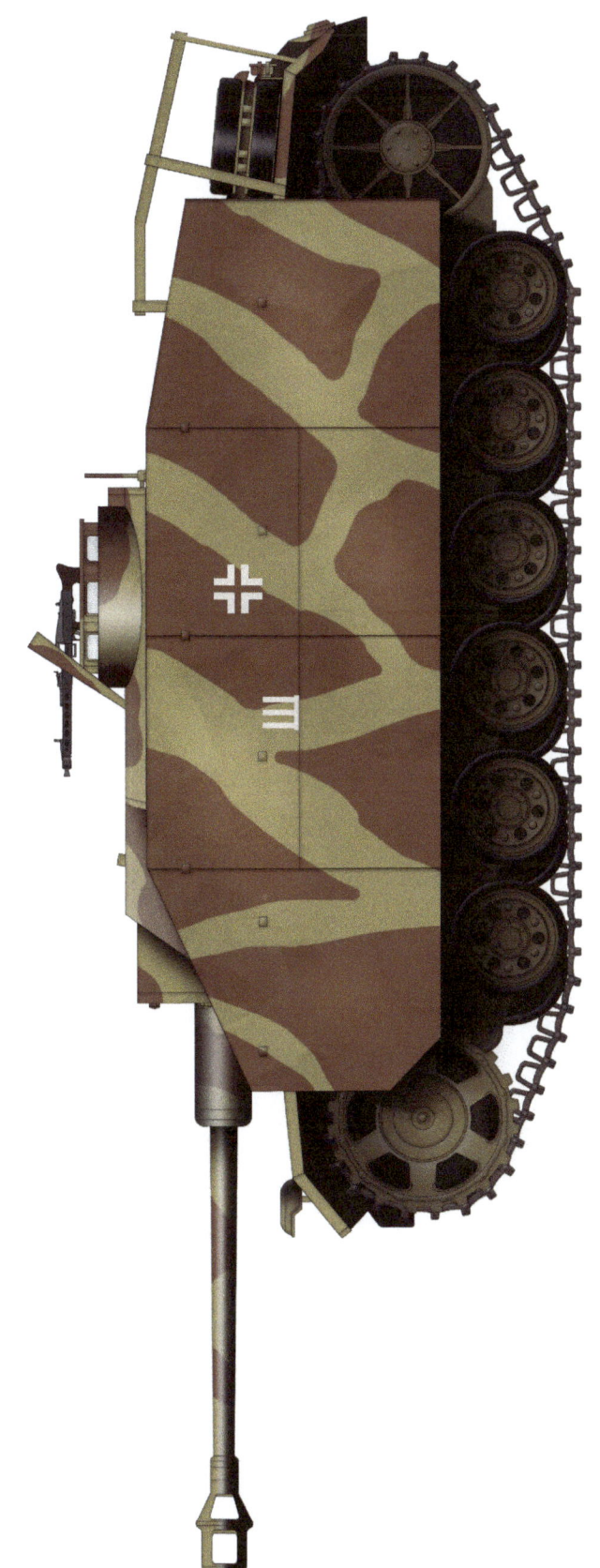

▲ Cannone d'assalto Stug III Ausf. G appartenente alla Panzer Grenadier Division Totenkopf a Kursk Russia 1943

▲▼ Il comandante di uno StuG all'interno della camera di combattimento, mentre osserva la situazione con il suo periscopio. Sotto: L'interno della stessa vista in uno StuG conservato in un museo spagnolo, dalla foto è possibile apprezzare la buona organizzazione interna.

CANNONE D'ASSALTO STUG III AUSF G RUSSIA TARDO 1943

▲ StuG.III Ausf.G, della 23ª Sturmgeschütz Brigade, attiva sul Fronte russo nel tardo 1943

cidiali fuciloni anticarro sovietici che spesso riuscivano a perforare la cupola del comandante. I Panzer però soffrivano assai di più queste cose, con sagome più alte e un sistema ottico assai meno raffinato degli StuG i carristi invidiavano i loro colleghi dei cannoni d'assalto. Nell'agosto del 1943 11 battaglioni di StuG riportarono 430 vittime a fronte della perdita di solo otto veicoli.

Molto merito del successo fu anche attribuito alle minigonne laterali Schürzen, che salvò i suoi equipaggi dai micidiali fuciloni anticarro. Nello stesso periodo in perfetto stile di controinformazione per confondere il nemico i battaglioni vennero rinominati in brigate. Le enormi pianure russe senza ostacoli naturali posti in mezzo favorirono i mezzi tedeschi che disponevano di sistemi radio più avanzati. Tutti questi fattori insieme alla riorganizzazione tattica riportarono un'alta efficienza fra i reparti StuG, oramai forniti di grande esperienza, e grande versatilità sia contro la fanteria che contro i carri armati avversari. Nel dicembre 1943, un altro rapporto del fronte affermava che le possibilità di successo aumentavano sensibilmente utilizzando gli StuG insieme ai Panzer IV. I pro e i contro di questi due mezzi si compensavano bene. L'attacco frontale offerto dagli StuG con sagoma bassa che coadiuvava i Panzer IV, che con la loro torretta girevole, fornivano copertura laterale. Agendo in sinergia gli StuG erano liberi di ingaggiare simultaneamente un gran numero di bersagli specialmente su un terreno impervio come quello delle steppe russe. Insomma, l'impegno in stretta collaborazione con i Panzer grenadier era il modo più efficace per affrontare le posizioni di fanteria nemica, fornendo entrambi una protezione reciproca, ottimale e che faceva miracoli. Anche in difesa gli StuG in Russia si trovavano a loro. Grazie al loro profilo basso, alla facile mimetizzazione e all'eccellente mira a lungo raggio, potevano infliggere enormi danni ai carri armati a distanza senza manovrare, per poi ritirarsi in sicurezza. Tuttavia, con l'andare del tempo divenne manifesta la superiorità dei Panzer IV nell'offensiva. Da ottobre a dicembre, due decine Panzer IV, distrussero 136 carri armati nemici, mentre 15 StuG ne rivendicarono solo 75.

▲ Bella immagine di uno StuG III Ausf G che trasporta un plotone di fanteria. Il mezzo era infatti nato come supporto dei fanti nelle operazioni necessarie a rimuovere strutture difensive nemiche. Bundesarchiv (colorazione dell'autore).

CANNONE D'ASSALTO STUG III AUSF G RUSSIA 1943-1944

▲ StuG.III Ausf.G, unità non identificata, Fronte russo, 1943-44

▲ Interessante immagine che mostra l'inserimento del sistema d'arma nel castello della casamatta dello Stug III ausf G. Bundesarchiv (colorazione dell'autore).

CANNONE D'ASSALTO STUG III AUSF G FINLANDIA 1944

▲ StuG.III Ausf.G, appartenente alla Brigata d'assalto dell'esercito finlandese, Enso Finlandia, giugno 1944

GUERRA IN NORD AFRICA (1941-1943)

Gli StuG, non è ben chiaro il motivo, furono inviati col contagocce in Nord Africa, contrariamente ad altri teatri di operazioni. Il reparto Sonderverband 288 se ne vide assegnati quattro StuG Ausf.D (versione a canna corta), per poter combattere nella campagna di Gazal. Due furono persi nel viaggio per mare, i due rimasti presero parte alla battaglia di El Alamein (2a battaglia). Uno dei due si salvo finendo catturato più tardi alla resa di Tunisi. In Tunisia furono poi mandati altri sei F/8 presso il 1° Sturmgeschütz-Abt. 242 ma anche in questo caso solo quattro sopravvissero alla traversata. Questi furono assegnati alla Brigata Fallschirm Ramcke e andarono tutti persi nel maggio 1943.

NORMANDIA, ESTATE 1944

Tra le unità che prestarono servizio nel Nord della Francia c'era la Brigata StuG 341, che combatté a Brecey, Southern Avranches/Pontaubault a fine luglio e Chartres ad agosto. Aveva diversi Ausf.G e alcuni StuH 42. Diverse altre Brigate presero parte con efficacia difensiva alle operazioni, aiutati, ancora una volta, dal loro profilo basso e, naturalmente, dalla configurazione del terreno di combattimento.

CAMPAGNA D'ITALIA

In Italia gli StuH 42 furono utilizzati dalla Divisione della Luftwaffe "Hermann Göring" nel 1944, mentre gli Ausf.G della 15a Divisione Granatieri Panzer prestarono servizio in Sicilia nell'autunno del 1943 e in Italia nel 1944. Lo Sturmgeschütz-Abteilung 107 fu attivo con il XIII Corpo delle SS, 1a Armata, Gruppo d'Armate G nel nord Italia nel 1945. Lo Sturmgeschütz-Abteilung 242 fu trasferito in Italia nel maggio 1943 con base in Liguria nel 1945. La Sturmgeschütz-Batterie 247 fu costituita nel marzo 1943, operò in Italia poi in Sardegna e in Corsica. Costituito nel gennaio 1944, lo Sturmgeschütz-Abteilung 907 inviato in Italia, combatté ad Anzio e Monte Cassino. Nel febbraio 1945 aveva sede in Liguria. In gennaio venne costituita anche un'altra unità StuG "italiana", la Sturmgeschütz-Abteilung 914, che venne inviata a Verona, prima di essere ribattezzata Sturmgeschütz-Brigade 720. Rimase in servizio con la 10ª Armata all'inizio del 1945, poi passò in Liguria. Un'unità indipendente, la Fallschirm-Sturmgeschütz-Brigade Schmitz, fu costituita in Italia nel gennaio 1945 e prestò servizio con il I° Corpo Paracadutisti, 10ª Armata in Liguria. Allora era conosciuta come Fallschirm-Sturmgeschütz-Brigade 210.

▲ Uno StuG III G mimetizzato per la neve col suo plotone di fanteria in Russia 1943. Bundesarchiv

▲▼ Battaglia di Stalingrado, Uno StuG III D strapieno di soldati supera alcuni prigionieri russi avviati alla prigionia. Sotto, sempre in Russia una colonna corazzata di Panther V guidata da uno Stug III, ausf G sono in attesa di ordini per il movimento. Bundesarchiv. Colorazione dell'autore.

STURMGESCHÜTZ III Sd.Kfz. 142

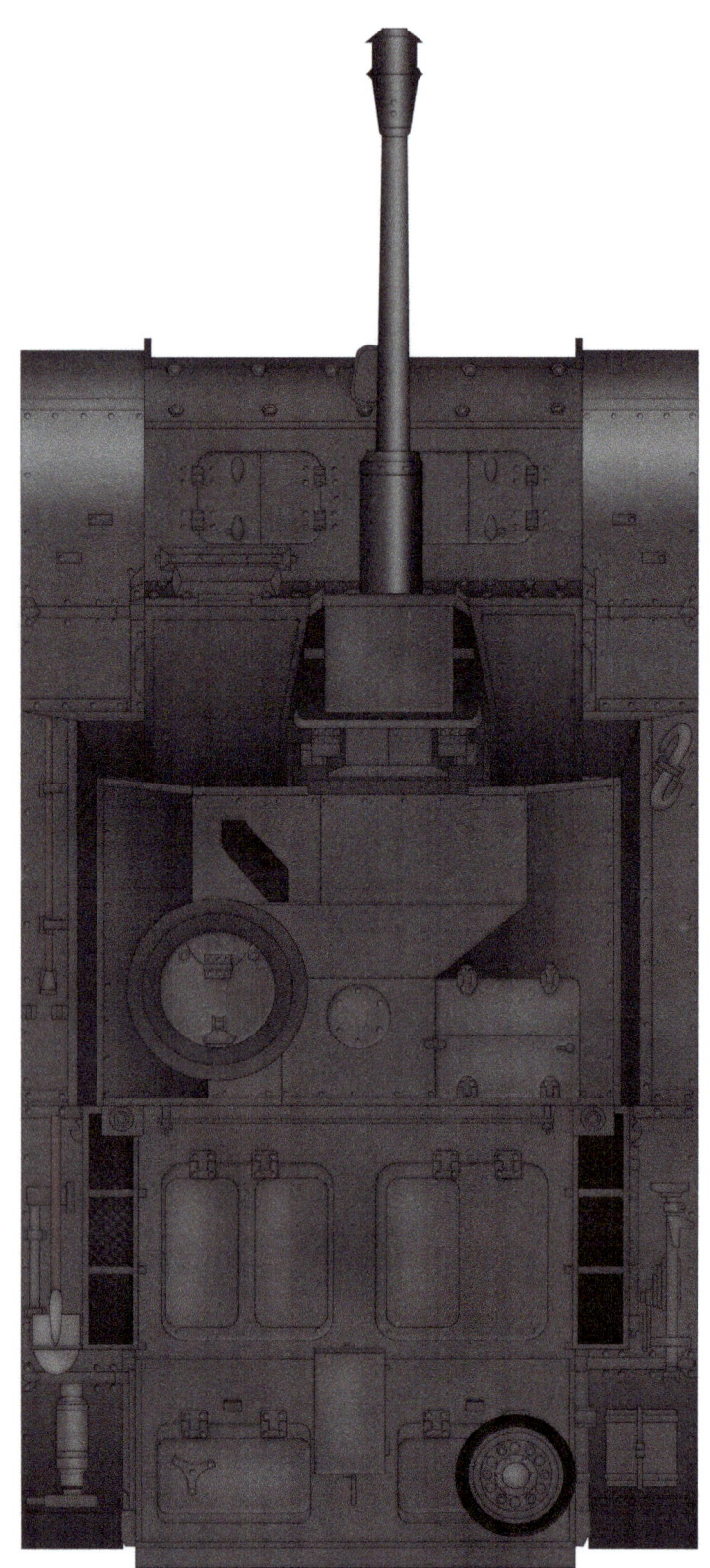

▲ Vista del profilo dall'alto del Cannone d'assalto StuG III

CANNONE D'ASSALTO STUG III AUSF G RUSSIA 1944

▲ StuG.III Ausf.G, unità non identificata, attiva sul Fronte bielorusso, Russia 1944

STURMGESCHÜTZ III Sd.Kfz. 142

▲ Uno StuG III G in agguato tra i campi dell'Ucraina durante l'invasione russa. Agosto 1942, Bundesarchiv (colorazione dell'autore). Sotto: l'equipaggio di uno Stug in fronte al proprio mezzo operativo in Russia, 1943. Bundesarchiv (colorazione dell'autore).

CANNONE D'ASSALTO STUG III AUSF G DELL'ESERCITO BULGARO 1944

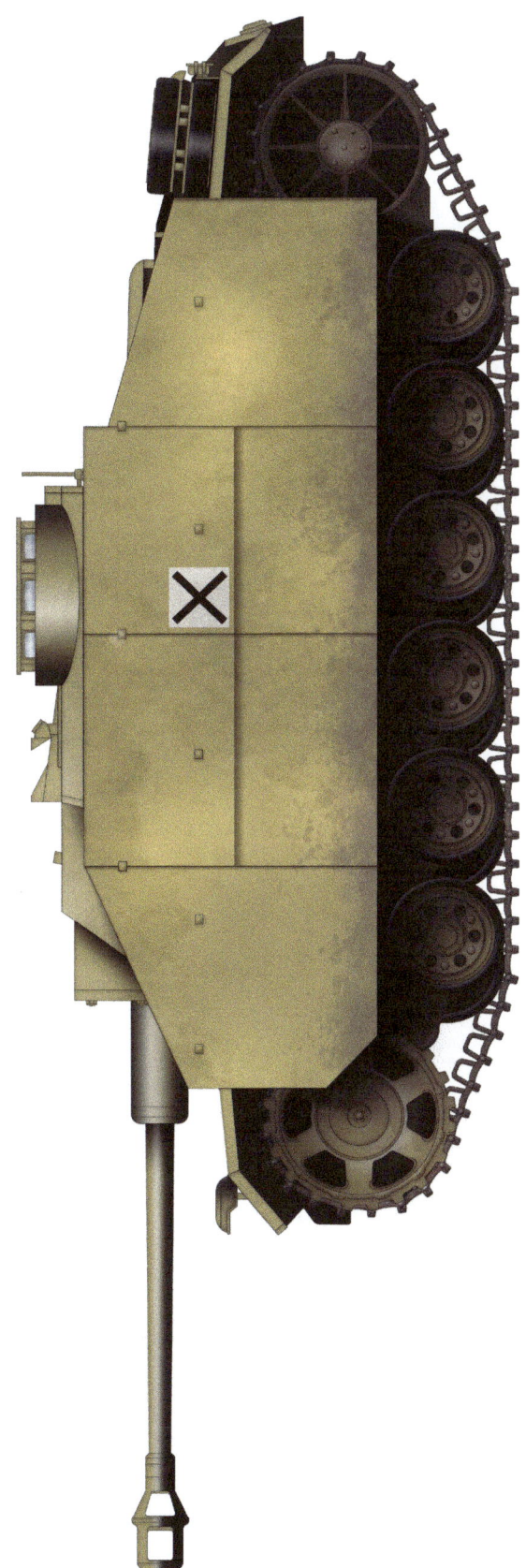

▲ StuG.III Ausf.G z del 2° battaglione corazzato dell'esercito bulgaro a Plowdiw in Bulgaria 1944.

▲ Vista del Cannone d'assalto StuG III di fronte e di retro.

CANNONE D'ASSALTO STUG III AUSF G DELL'ESERCITO UNGHERESE 1944

▲ StuG. III Aust.G z del 7° Assault Gun dell'esercito ungherese agosto 1944. Nella foto piccola un particolare dello stesso mezzo distrutto. Collezione Mujzer

CANNONE D'ASSALTO STUG III AUSF G RUSSIA 1944-1945

▲ StuG.III Ausf.G, unità non identificata, Fronte russo, 1944-45. Alla fine del 1944 il colore di base di tutti gli AFV tedeschi cambiò nel Olivegrün RAL 6003. I due colori rimanenti, Dunkelgelb RAL 7028 e Rotbraun 8017 vennero utilizzati per la mimetica.

MIMETICHE E SEGNI DISTINTIVI

Nelle prime fasi della guerra in Polonia e in Francia, l'esercito tedesco utilizzò principalmente veicoli verniciati in Dunkelgrau (RAL 7021), con alcuni mezzi dipinti anche in Dunkelbraun (RAL 7017) come motivo mimetico fino a quando l'Oberkommando des Heeres decise che si doveva utilizzare solo il Dunkelgrau. La decisione non riguardava solo i carri armati, bensì anche tutti gli altri mezzi o AFV: autoblindo, semicingolati e persino i carri cucina erano dipinti dello stesso colore.

Questo Dunkelgrau è spesso mostrato nelle illustrazioni in modo non troppo corretto. Il punto è che si tratta nella realtà di un colore grigio-bluastro molto scuro. Questo fatto erroneo è spesso dovuto al fatto che il grigio tende a "fondersi" efficacemente con i colori circostanti e di conseguenza ad apparire molto più chiaro.

La guerra combattuta, però, fece aprire gli occhi ai generali di Hitler, specialmente in Russia e in Africa. In entrambi i teatri operativi il Dunkelgrau si vedeva lontano chilometri, un chiaro invito al fuoco nemico. Perciò le divisioni tedesche in URSS utilizzarono qualsiasi materiale utile per colorare di bianco i loro veicoli, tra cui materiale naturale come gesso, lenzuola, neve ammucchiata fino all'inevitabile imbiancatura. La mimetica così ottenuta salvò la pella a molti carristi…

Queste sbiancate dilettantesche avevano anche il vantaggio di lavarsi gradualmente con le piogge di fine inverno e inizio primavera, sciogliendosi come neve. Stesso problema in Libia, anche se qui il bianco non serviva, ci si dannò nel trovare una soluzione con la testardaggine tipica tedesca e alla fine si trovò una soluzione quando il Gelbbraun (RAL 8000) fu assegnato a quel fronte e i veicoli in Dunkelgrau furono rapidamente mimetizzati con il deserto. Oltre a colorare in Gelbbraun, in Africa si utilizzò anche il Graugrün (RAL 7008), quest'ultimo in diverse varianti condizionate da quello che i carristi avevano a portata di mano, o che gli riusciva di catturare al nemico.

A partire dal 1942, i colori ufficiali cominciarono a scarseggiare al fronte e spesso anche in fabbrica. I mezzi militari venivano quindi dipinti utilizzando copie o schemi alternativi di colori, specialmente per i mezzi del deserto (più isolati rispetto alla madrepatria), utilizzando Braun (RAL 8020) e Grau (marrone e grigio, RAL 7027). Nelle pagine del libro troverete uno specchietto assai chiaro su queste tinte e la denominazione RAL.

Oltre che in Africa, anche sul fronte orientale si inizia a far ricorso a veicoli dipinti con la mimetica bicolore già in uso nel deserto. Va ricordato, comunque, che a metà conflitto la maggior parte dei carri tedeschi in Russia era ancora Dunkelgrau, almeno fino al 1943, quando l'OKH emise un nuovo ordine che prevedeva che il colore di base standard di tutti i veicoli divenisse il Dunkelgelb (giallo scuro, RAL 7028). Il colore non era un vero è proprio giallo, ma piuttosto tendente al bronzo. Colore delicato comunque, che variava, anche enormemente, in relazione a molti fattori: chi lo dipingeva, quanto veniva diluito con solventi, tempo, usura ecc. Il RAL 7028 offre, anche in bibliografia, un numero elevato di "varianti"!

Fu così, un po' per caso, un po' per fortuna che si giunse ad ottenere quella moderna mimetica che i tedeschi chiamarono l'*Hinterhalt-Tarnung* o "*Ambush*". Un aspetto complicato da descrivere, ma nei fatti si tratta di un effetto di luce filtrata dal fogliame naturale, insomma, una mimetica assai efficace. Così come nelle opere d'arte, si poteva anche in questo caso parlare di stili, i più variegati possibile. Uno ricordava appunto il *pointillisme* degli impressionisti francesi. Uno più "orfico" anche detto a dischi o a chiazze. La scelta di uno stile o dell'altro era anche in un certo modo la firma della fabbrica che produceva i mezzi (a partire dalla metà del 1944 i mezzi venivano dipinti negli stabilimenti di produzione). I colori applicati in fabbrica erano una base di Dunkelgelb, con macchie di Rotbraun (rosso marrone) e Olivgrün (verde oliva). Sorsero sempre più spesso problemi di stoccaggio, temporali e altro che resero variegata la fornitura in uscita.

Nel dicembre 1944, infine, fu emesso un nuovo ordine che prevedeva che i carri armati fossero verniciati tutto con uno strato di base (sopra il primer rosso-ossido, il minio italiano) di Dunkelgrün e/o Olivgrün con applicazioni di strisce e macchie di Dunkelgelb e Rotbraun, e questo sembra essere l'ultimo ordine dato per la mimetizzazione a guerra in corso.

L'applicazione della mimetica era generalmente effettuata con spray di vernice ad aria compressa, in mancanza del quale si procedeva "alla vecchia": pennelli, spazzoloni o semplicemente stracci all'estremità di un bastone. Questi artifici, quest'arte di arrangiarsi finiva col moltiplicare le varianti mimetiche che sarebbero poi destinate al campo di battaglia.

Come tutti gli eserciti, anche quello tedesco aveva capito (spesso prima di molti) che occultare i veicoli nelle manovre difensive o offensive avrebbe aumentato le probabilità di sopravvivenza allo scontro. Oltre alla mimetizzazione dipinta sul veicolo stesso, veniva quindi spesso usato anche il fogliame (rami, cespugli, fieno, persino cataste di legna) per coprire il veicolo, di solito dalla parte anteriore, per renderlo ancora più difficile da individuare e da distinguere dall'ambiente circostante. Più raramente si utilizzavano anche teloni e tele mimetiche e reti mimetiche miste a fogliame per nascondere ulteriormente il carro. Non ultimo anche il fango e la neve erano un economico, ma efficace, mimetico assai utile a confondersi con l'ambiente circostante.

▲ Ovviamente la colorazione e la mimetica variava nel caso gli Stug fossero operativi in altri eserciti, come nel caso di questo in uso nell'esercito finlandese e conservato integro nel museo di Paolo in Finlandia. Wikipedia Cc3

CANNONE D'ASSALTO STUG III AUSF G GERMANIA PRIMAVERA 1945

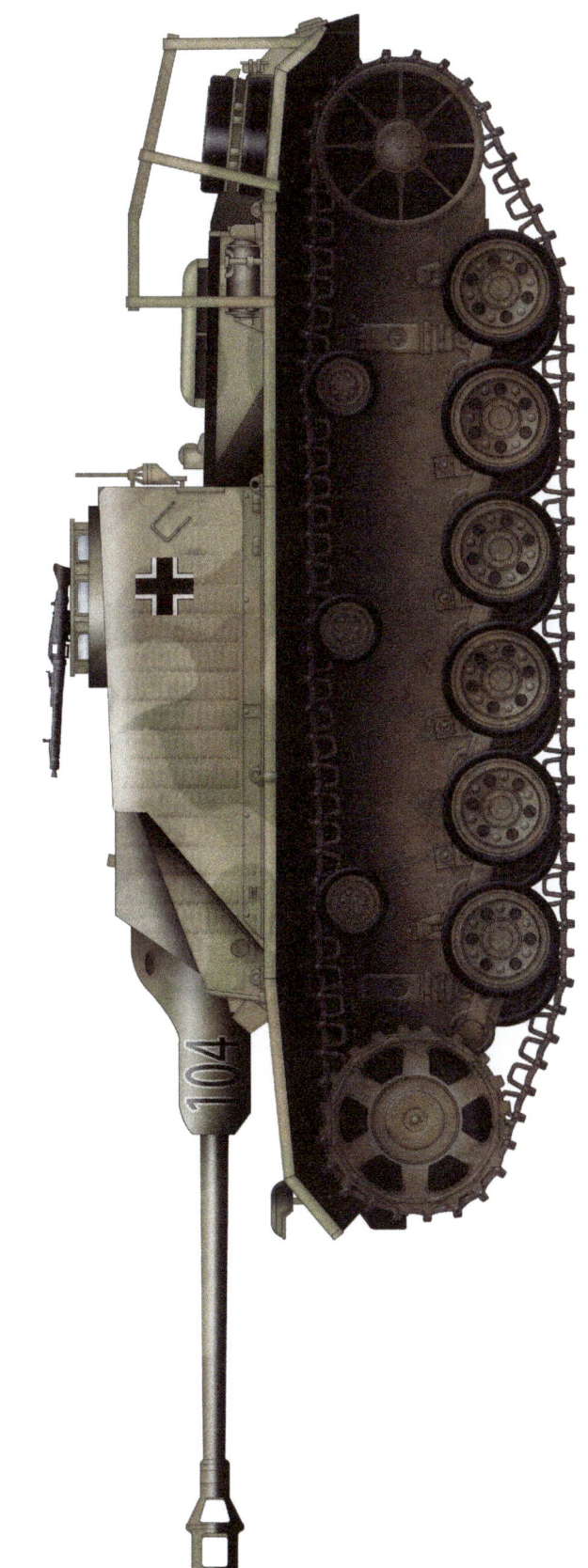

▲ StuG.III Ausf.G, unità appartenente alla 202a Sturmgeschütz Brigade che, nella parte finale del conflitto, portava il numero di serie sulla canna del cannone. Teatro operativo Est della Germania, primavera del 1945. Notare lo zimmerit sulla torretta.

▲▼ Campagna d'Italia, sopra e sotto Stug III Ausf. G in attesa di entrare in combattimento. L'immagine sotto mostra il mezzo nascostosi vicino ad un enorrme fico d'India in Sicilia. Italia 1943. Bundesarchiv (colorazione dell'autore).
► Foto a destra, uno StuG delle forze germaniche attraversa via XX settembre a Roma nel 1943. Bundesarchiv.

CANNONE D'ASSALTO STUG III AUSF G UNGHERIA GENNAIO 1945

▲ StuG.III Ausf.G, appartenente al SS-Panzerjäger-Abteilung 3, Szomor, Ungheria, gennaio 1945

▲ Un carro Stug III Ausf G montato sul treno per essere mandato al fronte. Bundesarchiv (colorazione dell'autore).

▼ Officine Alkett o MIAG dove si producevano la gran parte delle versioni dello StuG III G. Interessante vista della catena di montaggio. Bundesarchiv (colorazione dell'autore).

PRODUZIONE ED ESPORTAZIONE

A partire dal 1936, dopo la Daimler-Benz iniziatrice del progetto, le ditte tedesche preposte alla costruzione degli StuG III in tutte le sue versioni furono soprattutto la Alkett e la MIAG: la fabbricazione di tutti i modelli di serie e delle sue varianti fu di ben oltre le 10.000 unità.

■ PRINCIPALI UTILIZZATORI

- **Germania nazista**: fu ovviamente l'operatore principale, operando praticamente in tutti i reparti, persino nella Luftwaffe in unità generalmente poco conosciute. Le Sturmgeschütz-Abteilung 1 der Luftwaffe (formate nel gennaio 1944 per il I Fallschirm-Korps), operarono vicino a Nancy (Francia orientale) e nelle Ardenne nell'inverno 1944-45. Lo Sturmgeschütz-Abteilung 2 der Luftwaffe fu invece formato nel marzo 1944 e prestò servizio in Normandia, annientato nella sacca di Falaise e successivamente ricostruito a settembre a Köln-Wahn. Combatté ancora ad Arnhem e Amersfoot e nel febbraio 1945 nella battaglia di Reichswald. Come in molti altri reparti corazzati anche fra i comandanti di StuG si contarono diversi assi! Il punteggio più incredibile di trionfi da parte di uno StuG fu quello del Oberwachtmeister Kurt Pfreundtne. Con il suo Ausf.F dello Stug.Abt.244 a Stalingrado all'inizio di settembre del 1942 dove gli riuscì l'impresa epica di distruggere nove carri armati sovietici in 20 minuti, cosa che gli valse la Croce di Cavaliere. Il Wachtmeister Kurt Kirchner (Stug.Abt.667) riuscì a distruggere 30 carri armati sovietici in pochi giorni nel febbraio 1942. L'Hauptmann Peter Franz, con il suo StuG dell'Abt. "Grossdeutschland", distrusse ben 43 T-34/76 nella battaglia di Borissovka nel marzo 1943 guadagnandosi pure lui la Ritter Kreuz! Infine, segnaliamo la rivendicazione dell'asso delle Waffen SS Walter Kniep del 2° StuG.Abt., 2° Divisione SS Panzer "Das Reich" che parla di ben 129 carri armati sovietici per la sua unità tra luglio e dicembre 1943.

- **Regno di Romania**: ricevette un centinaio di StuG forniti dalla Germania e (nel dopoguerra) persino dall'URSS, denominate TA o TA T-3. Tutto l'equipaggiamento tedesco fu rimosso dal servizio nel 1950 e definitivamente demolito quattro anni dopo a causa della decisione dell'esercito di utilizzare solo armature sovietiche.

- **Regno di Bulgaria**: come per i rumeni, anche la Bulgaria ricevette molti mezzi dalla Germania e (nel dopoguerra) dall'URSS. la Bulgaria, tuttavia, non utilizzò nessuno StuG contro i sovietici, il paese aveva posto fine all'alleanza con la Germania. passando dalla parte degli Alleati prima che i sovietici invadessero. Dopo la Seconda guerra mondiale, questi furono utilizzati per un breve periodo prima di essere trasformati in postazioni fisse sulla linea Krali Marko, al confine con la vicina Turchia.

- **Finlandia**: 30 StuG, soprannominati dai finlandesi "Sturmi", furono acquistati nel 1943 e altri 29 nel 1944, tutti direttamente dalla Germania. Furono tutti utilizzati durante la Guerra contro l'Unione Sovietica nel 1944. Il primo lotto del 1943 distrusse almeno ottantasette carri armati nemici contro una perdita di soli otto StuG. L'ultimo lotto del 1944 fu assai molto meno operativo. Dopo la guerra, gli StuG rimasero i principali veicoli da combattimento dell'esercito finlandese fino all'inizio degli anni '60, quando furono gradualmente eliminati.

- **Cecoslovacchia**: molti mezzi furono catturati o trattenuti dopo la guerra e successivamente demoliti o venduti alla Siria. Un veicolo è ancora conservato ed è esposto a Banská Bystrica, in Slovacchia.

- **Francia**: molti furono catturati sul suolo francese e dopo la guerra operarono brevemente prima di essere demoliti o venduti alla Siria.

- **Regno d'Ungheria**: 50 StuG vennero donati dalla Germania nel 1944. L'Ungheria schierò i suoi StuG III contro le forze sovietiche quando invasero il paese dalla fine del 1944 fino all'inizio del 1945.

▲ ▼ Campagna di Russia, due colonne di StuG III delle prime versioni, attorno al 1941/1942. Bundesarchiv (colorazione dell'autore).

- **Regno d'Italia**: 12 mezzi furono ricevuti dalla Germania nel 1943. In Italia, lo Sturmgeschütz era molto apprezzato dagli equipaggi impegnati contro i mezzi corazzati alleati, ma era perseguitato dai continui guasti, specialmente a carico dei gruppi di trasmissione. L'Italia ricevette oltre agli StuG precedentemente di proprietà di unità tedesche locali nel 1943, un totale di 12 Panzer III Ausf.Ns, 12 Panzer IV Ausf.Gs e 24 Flak 37 da 8,8 cm completi di semicingolati, alla Divisione Corazzata "M", destinata ad unità d'élite composta da Camicie Nere. Con la caduta del regime fascista e l'armistizio italiano tutto l'equipaggiamento loro donato venne recuperato dai tedeschi e nuovamente utilizzato contro gli Alleati.

- **Norvegia:** l'equipaggiamento militare tedesco consegnato come danni di guerra, comprendente anche diversi StuG fu utilizzato dal 1947 al 1951.

- **Spagna**: nel 1943, la Spagna franchista in segno di amicizia ricevette 10 unità e le utilizzò fino al 1954. Successivamente essi furono venduti alla Siria tra il 1950 e il 1960. Un Ausf. G di questi è ancora in condizioni di guidabilità nel Museo Histórico Militar de Cartagena, Spagna.

- **Svezia**: ebbero la dotazione di un Ausf. D ricevuta dalla Danimarca alla fine del 1945 e utilizzata per prove e test di mine anticarro, e una variante Ausf. G utilizzato per i pezzi di ricambio.

- **Siria**: almeno 30 mezzo e forse più ottenuti da vari stati tra cui Unione Sovietica, Francia, Spagna e Cecoslovacchia negli anni '50 e oltre. Finirono anche impiegati nella guerra sull'acqua contro Israele a metà degli anni '60, e anche durante la Guerra dei Sei Giorni nel 1967, durante la quale molti di loro vennero distrutti, o spogliati per pezzi di ricambio ein parte ricollocati sulle alture di Golan come fortini. Alcuni rimasero in servizio perfino nella guerra dello Yom Kippur del 1973! Non vi è dubbio, una longevità enorme per questo mezzo. Alcuni ex StuG III siriani finiti nelle mani di Israele divennero monumenti.

- **Unione Sovietica:** diverse centinaia di veicoli catturati e poi utilizzati per test e modifiche, tra cui il cannone d'assalto SU-76i e l'obice semovente SG-122.

- **Jugoslavia**: gli StuG III furono dati anche alla milizia croata filotedesca Ustaše, la maggior parte dei quali furono catturati in Jugoslavia dai partigiani jugoslavi di Tito durante e dopo la guerra, così come tutti gli altri veicoli gestiti dai tedeschi. Questi furono utilizzati dall'Esercito popolare jugoslavo fino agli anni '50, quando furono sostituiti da veicoli da combattimento più moderni.

▲ Interessante immagine scattata in Russia nel 1943 che mostra un panzerhaubitze Hummel, accanto ad uno StuG III Ausf G. Bundesarchiv (colorazione dell'autore).

▲ Immagine dettagliata di uno StuG III Ausf.G distrutto in Normandia a causa di una terribile esplosione interna, Francia 1944 NARA (colorazione dell'autore).

▼ Uno StuG III Ausf G messo fuori uso in una strada nei pressi della linea Gotica in Italia. 19 settembre 1944. NARA

CANNONE D'ASSALTO STUG III AUSF G POLONIA 1945

▲ StuG.III Ausf.G, in mimetica invernale di una unità non identificata in Polonia nel marzo del 1945

SCHEDA TECNICA

	Ausf. A–B	Ausf. C-D	Ausf. E	Ausf. F	Ausf. G	StuH 42
Caratteristiche Generali						
Dimensioni Generali						
Peso	20,7 t	20,7 t	22 t	23,3 t	22,9 t	24 t
Lunghezza	5,38 m	5,38 m	5,38 m	5,38 m	5,38 m	5,59 m
Larghezza	2,92 m	2,92 m	2,92 m	2,92 m	2,92 m	2,95
Altezza	1,95 m	1,95 m	1,95 m	1,95 m	1,95 m	2,51 m
Armamento						
Armamento	7,5 L/24	7,5 L/24	7,5 L/24	7,5 L/43 o 48	7,5 Stuk 40 L/ 48	leFH 18
Arm. secondario	=	=	1× MG 34	1× MG 34	2× MG 34	1× MG 34
Calibro	75mm	75mm	75mm	75mm	75mm	105mm
Elevazione	-10° a +20°	-10° a +20°	-10° a +20°	-10° a +20°	-10° a +20°	-10° a +20°
Equipaggio	4	4	4	4	4	4
Corazzatura						
Scafo frontale	15/50 mm	15/50 mm	50/80 mm	80 mm	90 mm	80+30mm
Media mezzo	10/50mm	10/50mm	15/80mm	30/80mm	60mm	30/50mm
Mobilità						
Motore (Maybach)	HL 120 TRM 265 hp	HL 120 TRM 265 hp	HL 120 TRM 265 hp	HL 120 TRM 265 hp	HL 120 TRM V-12 300 hp	HL 120 TRM V-12 300 hp
Velocità minima	20 km/h	20 km/h	20 km/h	20 km/h	25 km/h	24 km/h
Velocita Max.	40 km/h	40 km/h	40 km/h	40 km/h	40 km/h	40 km/h
Autonomia	160 km (strada) 100 (ovunque)	160 km (strada) 100 (ovunque)	160 km (strada) 100 (ovunque)	140 km (strada) 85 (ovunque)	155 km (strada) 100 (ovunque)	170 km (strada) 90 (ovunque)
Totale mezzi	36A+300B	50C+150D	284	366	9.400	1.300

▲ Notissima immagine di uno Stug della divisione Grossdeutschland piena all'inverosmile di grenadieren! Russia, luglio 1943. Bundesarchiv (colorazione dell'autore).

CANNONE D'ASSALTO STUG III AUSF G GERMANIA 1945

▲ StuG.III Ausf.G, di una unità non identificata in Germania nei primi mesi del 1945

▲ Nel 1942 un'unità tedesca di 10 StuG.III fu temporaneamente subordinata alla 1ª Divisione corazzata. Nel giugno 1944, le perdite della 2ª Divisione corazzata furono compensate con 10 cannoni d'assalto StuG.IIIG a canna lunga (L/48) in Galizia. L'esercito ungherese ricevette anche 40 cannoni d'assalto StuG.IIIG che furono utilizzati per equipaggiare il 7° Battaglione d'assalto nell'agosto 1944. (collezione Péter Mujzer)

▼ Due cannoni d'assalto StuG III Ausf G messi fuori uso dai bombardamenti alleati a Modrath, Germania. NARA.

CANNONE D'ASSALTO STUH 42 SD.KFZ. 142/2 ITALIA 1945

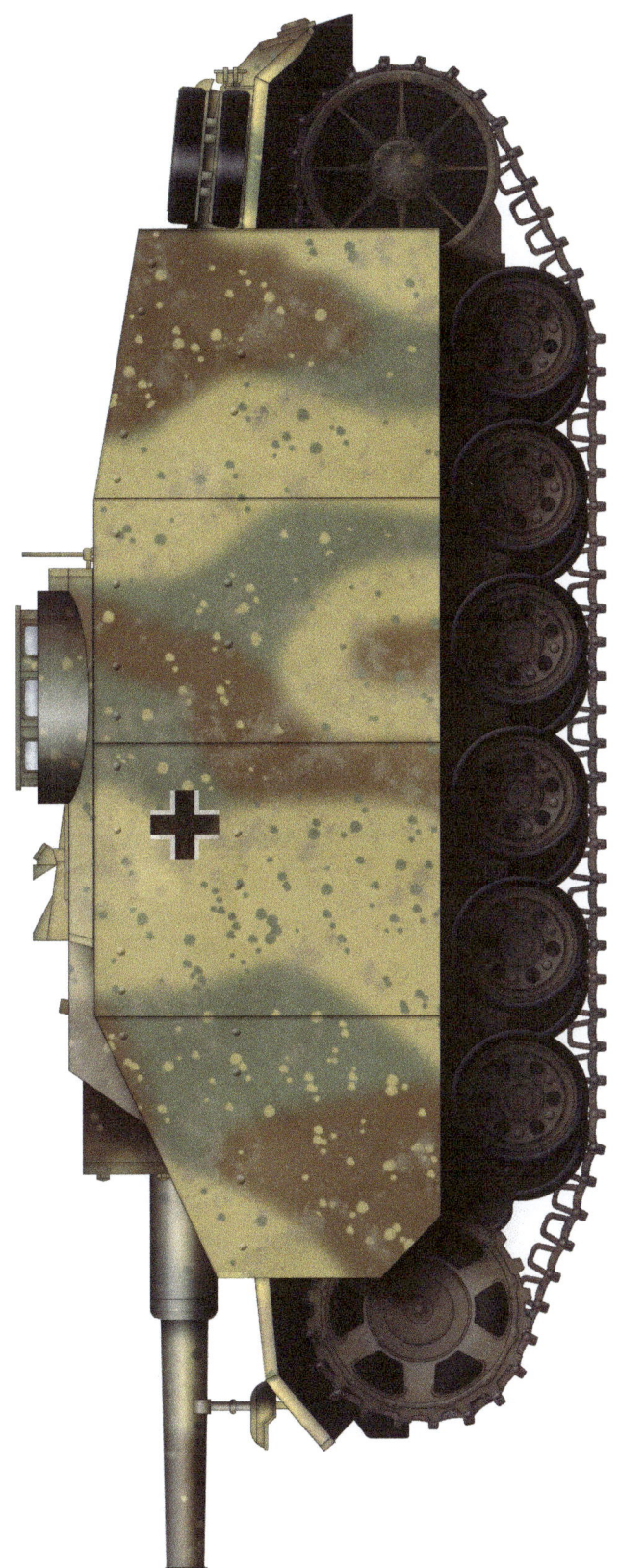

▲ StuH.42 Sd.Kfz. 142/2, mezzo utilizzato negli ultimi mesi di guerra nella difesa delle linee italiane, Italia, marzo 1945.

CANNONE D'ASSALTO STUH 42 SD.KFZ. 142/2 RUSSIA 1943

▲ StuH.42 Sd.Kfz. 142/2. questo corazzato appare qui nella livrea usata in Russia nel corso del 1943con la sola balkenkreuz sulle fiancate di rinforzo, fu l'ultima evoluzione dello Stug III G.

CANNONE D'ASSALTO STUH 42 SD.KFZ. 142/2 GERMANIA 1945

▲ StuH.42 Sd.Kfz. 142/2. Lo stesso carro della pagina accanto ma qui in versione mimetica e privo delle minigonne laterali di rinforzo. Germania 1945.

BIBLIOGRAFIA

- Peter Chamberlain, Hilary Doyle e Thomas L. Jentz, *Encyclopedia of German Tanks of World War Two Revised edition*, Londra, Arms & Armour Press, 1993, ISBN 1-85409-214-6.
- George Forty, *World War Two Tanks*, Osprey, 1995, ISBN 978-1-85532-532-6.
- Mueller, Peter; Zimmermann, Wolfgang. *Sturmgeschütz III - Backbone of the German Infantry*. 2008.
- Walter J. Spielberger. *Sturmgeschütz & Its variants* - Schiffer Publishing .
- Scafes, Cornel I; Scafes, Ioan I; Serbanescu, Horia Vl (2005). *Trupele Blindate din Armata Romana 1919-1947*. Bucuresti: Editura Oscar Print.
- Robert Michulec, *Armor battles on the Eastern Front (1)*, Hong Kong, Concord pub.company.
- Wolfgang Fleischer: *Die deutschen Sturmgeschütze 1935–1945*. Podzun-Pallas Verlag, 1996.
- Wolfgang Fleischer: *Waffen-Arsenal – Deutsche Sturmgeschütze im Einsatz. Band 176*. Podzun-Pallas Verlag.
- Frank Schulz: *Sturmgeschütz III Ausf. G – Privatsammlung J. Littlefield* – Photofile. NMC Nürnberg 2003.
- Dennis Oliver *Stug III & Stug IV: German Army, And Waffen-SS And Luftwaffe Western Front, 1944-1945* 2019.
- Steven J. Zaloga e Richard Chasemore *T-34 vs StuG III: Finland 1944* Osprey 2019.
- Dennis Oliver *Tank Craft 44 Stug III & Stug IV Assault Gun: German Army, Waffen-SS and Luftwaffe Units Eastern Front, 1944*, 2024.
- Dennis Oliver *Stug Assault Gun in the east Bagration to Berlin vol I*. Firefly coll. 2 2014.
- Dennis Oliver *Stug Assault Gun in the east Bagration to Berlin vol II*. Firefly coll. 7 2014.
- David Doyle *Sturmgeschütz: Germany's WWII Assault Gun (StuG): The Late War Versions: Germany's WWII Assault Gun (StuG), Vol.1 e 2: The Late War Versions* 2018
- Ben Hanvey *Sturmgeschütz: The StuG III Assault Gun* (Rapid Reads) 2015.
- Hilary L. Doyle *The Stug III Assault Gun, 1940-42* Osprey new vanguard 1996.
- Frank de Sisto *German sturmartillerie at war vol. 1*. Concord Pubblication 2008.
- Fulvio Miglia, *Le armi del Terzo Reich, il Panzerkampfwagen III*, Roma, Bizzarri, 1974.
- Frido Maria von Senger und Etterlin, *Die deutschen Panzer 1926-1945*, Bernard & Graefe Verlag, 1973.
- Janusz Ledwoch *Sturmgeschütz III*. Wydawnictwo Militaria Varsavia 1993
- Green, Michael; Anderson, Thomas; Schultz, Frank. *German Tanks of World War II*. London, UK: Zenith Imprints. ISBN 9781610607209.
- Maciej Noszcak *Sturmgeschütz III: A, B, F, F L43, F/8, G* (TopDrawings) Kagero 2020
- Vyacheslav Kozitsyn *Sturmgeschütz III & Sturmhaubitze 42* (Ostfront Warfare Series) 2019
- George Forty *Die deutsche Panzerwaffe im Zweiten Weltkrieg*. Bechtermünz, Augsburg 1998, ISBN 3-8289-5327-1.
- Steven Zaloga *M10 Tank Destroyer vs StuG III Assault Gun: Germany 1944* (Duel Book 53) Opsrey
- Alexander Lüdeke *Panzer der Wehrmacht 1933-1945*. 3. Auflage, Motorbuch-Verlag, Stuttgart 2010, ISBN 978-3-613-02953-8.
- Ferdinand Maria von Senger und Etterlin *Die deutschen Panzer 1926–1945*. Bernard & Graefe, Bonn 1998, ISBN 3-7637-5988-3.
- Jan Suermond *Wehrmacht-Fahrzeuge - Restaurierte Rad- und Ketten-Kfz*. 1. Auflage. Motorbuch Verlag, Stuttgart 2005, ISBN 3-613-02513-2.

TITOLI PUBBLICATI

TWE-021 IT

www.ingramcontent.com/pod-product-compliance
Lightning Source LLC
LaVergne TN
LVHW072122060526
838201LV00068B/4950